문학과지성 시인선 433

물속의 피아노

신영배 시집

문학과지성사

문학과지성사에서 펴낸 신영배의 시집

오후 여섯 시에 나는 가장 길어진다(2009)
기억이동장치(2015, 시인선 R)
그 숲에서 당신을 만날까(2017)
물안경 달밤(2020)

문학과지성 시인선 433

물속의 피아노

초판 1쇄 발행 2013년 8월 30일
초판 3쇄 발행 2023년 6월 23일

지 은 이 신영배
펴 낸 이 이광호
펴 낸 곳 ㈜문학과지성사

등록번호 제1993-000098호
주 소 04034 서울 마포구 잔다리로7길 18(서교동 377-20)
전 화 02)338-7224
팩 스 02)323-4180(편집) 02)338-7221(영업)
전자우편 moonji@moonji.com
홈페이지 www.moonji.com

ISBN 978-89-320-2445-5 03810

지은이는 2012년 서울문화재단의 예술창작지원사업 기금을 수혜하였습니다.

문학과지성 시인선 433

물속의 피아노

신영배

2013

시인의 말

해진 두 발로 머물던 만해문학관.
연못 위의 방과 저수지로 고이던 시간,
봄의 토지문학관.
물과 공기를 따라
고마운 사람들이 떠오른다.
생전 연락도 없고 무심한 나에게
고요히 숲인 사람들.
이 시집은 걸어서 그들에게 갈 수 있을까.

거리를 걸으며 지나가는 사람들을 본다.
사람들 사이에 시집을 내는 일,
부끄럽고 쓸쓸하다.

2013년 여름
신영배

물속의 피아노

차례

새가 서쪽을 향해 울었다. 시시. 시시.

손가락이 붉다.

물방울 알레그로

집 안에서 여자는 식탁을 차린다 손끝에 물방울을 달고

물방울이 흔들린다 물로 어떤 것은 가능하고 어떤 것은 가능하지 않다 불안과 부끄러움이 손끝에 매달려 있다
집 안에 문이 몇 개 있나 세어본다
나가는 문과 들어오는 문, 개수가 같다
여자는 식탁을 걷어치우고 다시 식탁을 차린다
나가는 문만 다시 세어본다

여자가 가진 것은 집이 아닌 납작한 접시 하나
불안과 부끄러움이 간단히 놓이곤 한다

나가는 문만 다시 세어본다
물방울이 달린 손가락을 하나씩 곱혀본다

접시를 놓친다

바닥에 떨어져 흩어지는 조각들
공중에 떠올라 다시 둥근, 납작한,

눈가에
동그라미가 아른거리는 정오

손끝에 물방울을 달고 여자는 물구나무를 선다
나가는 문과 들어오는 문을 세어본다
나가는 문만 다시 세어본다

피아노를 열어본다
1과 2로 노래를 만들어본다

물병이 쓰러진다 젖은 다리로 바닥을 긴다

손으로 눈가를 훔친다 물방울들이 부푼다

물방울을 안고 몸을 둥글게 만다 바닥을 구른다

바다를 떠올려본다
3과 4로 노래를 불러본다

식탁을 걷어치우고 다시 식탁을

나가는 문만 다시

두드려본다

일렁이는

오후

손끝의 물방울들

문 뒤에 여자

누군가 가고
밖을 훔쳐보는 여자
문 뒤에서 먹는 여자
누군가 오고
밖을 훔쳐보는 여자
문 뒤에서 중얼거리는 여자
누군가 가고
문 뒤에서 자는 여자
누군가 오고
문 뒤에서 소리 지르는 여자
누군가 가고
문 뒤에서 하품하는 여자
누군가 오고
문 뒤에서 웃는 여자
누군가 가고
문 뒤에서 달리는 여자

피아노와 나

물속으로 들어가는 꿈
피아노
그리고 나

손가락을 하나 잃고

피아노 위에
떠 있는 나

발목의 끈을 풀고

피아노 앞에
나

두 귀가 없이

피아노와 나

그런 하루의 비를 끌고

톡톡, 위에서 아래로 비가 내리고 있었다 구두가 계단을 내려오고 있었다 어디선가 수선스럽게 그릇들이 떨어지고 있었다 벌어진 틈으로 물고기들이 쏟아지고 있었다 칼을 놓치고 있었다 많은 말들을 떨어뜨리고 있었다 톡톡, 아래에서 위로 비가 튀어 오르고 있었다 난간에서 슬리퍼가 떠오르고 있었다 찻잔에서 검은 물방울이 떠오르고 있었다 꼬리가 퍼덕대고 있었다 비늘들이 튀고 있었다 그토록 많은 말들을 날리고 있었다 그런 하루의 비를 끌고 여자가 외출하고 있었다

탁탁, 왼쪽에서 오른쪽으로 비가 가고 있었다 전철이 가고 있었다 문틈에 끼여 흰 발목이 가고 있었다 쓰러진 뒤통수 밑으로 소녀가 쏙 빠져나가고 있었다 주름진 자루가 걸어와 옆구리에서 종이를 빼가고 있었다 말들을 놓치고 입에 거품을 물고 있었다 턱턱, 오른쪽에서 왼쪽으로 비가 오고 있었다 흰 발목이 오고 있었다 소녀가 오고 있었다 방금 태어난 말들을 물고 있었다 주름진 손이 그 말들을 잡아채 자루에

넣고 있었다 거품을 물고 여자는 문득 노파가 되어 있었다 그런 하루의 비를 끌고 여자가 이미 돌아와 있었다

물방울이 떨어지는 시간

팔과 다리가 부드럽게 늘어나는 너는
내 방을 돌아다니며 물을 준다

뒤꿈치를 들고
풀리지 않는 창가에 물을 준다
눕지 않는 책상에 물을 준다
쪼그리고 앉아
날지 않는 슬리퍼에 물을 준다

나는 잔잔히 떨리는 얼굴

너는 물로 태어난 팔과 다리, 어린 몸짓으로

길을 모르는 커튼에 물을 준다
각도를 모르는 유리병에 물을 준다
가라앉는 음악에, 납작해지는 베개에, 말라가는 벌레에도

나는 물방울이 맺히는 얼굴

물을 먹은 것들은 점점 부풀어 오른다
창가가 부풀어 오르고
구름이 들어오고
책상이 부풀어 오르고
둥둥 떠올라 잠을 자는 연인

팔과 다리가 늘어나는 웃음으로, 너는
부풀어 오른 것에 계속 물을 준다

두 귀에, 더듬이에,

노래하는 연인

햇살에, 백지 위에,

새가 날고 바다가 오고

나는 물방울이 떨어지는 얼굴

슬리퍼가 방향을 틀고
커튼이 출발하고
유리병이 주의를 기울이고

공중의 잠

공이 떠 있었다
한낮
놀이터에 아이들이 멈춰 있었다
베란다 끝, 여자의 발끝이 젖어 있었다

여자가 돌아서자
집 안 가득
공중에 물들이 떠 있다
물의 요일, 여자의 눈은 물컹하다
물방울 하나가 여자의 머리 위에 내려앉는다
여자는 물방울을 머리에 눌러쓴다
향기로운 물모자
살짝 들어 올리자
머리 위에 사과가 나타난다
여자는 사과와 함께 움직인다
서랍을 열고 단어를 꺼내 화분으로 옮긴다
여자는 또 하나의 물방울을 잡아 쓴다
간지러운 물모자

살짝 들어 올리자
머리 위에 새장이 나타난다
새장과 함께
여자는 서랍에서 화분으로 단어를 옮긴다
또 하나의 물방울
여자는 빨간 물모자를 쓴다
아프게 고인 것도 살짝
들어 올리자
찻잔 유 리 병 색 종 이 시 계 단 화……
머리 위에
물방울들이 둥둥 떠 있고
여자는 모자를 쓰고 벗고, 쓰고 벗고
서랍에서 화분으로, 서랍에서 화분으로
불안과 웃음으로 분주하게
불안과 울음으로 분주하게

폭죽처럼

화분 속에서 알 수 없는 꽃들이 피어오른다

수평하게

여자가 화분을 안고 공중에 떠 있다

무음의 마리오네트

식탁 다리에 줄을 매본다 당겨본다
햇살이 늘어나지 않고 정오
책장에 줄을 매본다 당겨본다
시가 빠져나오지 않고
반듯한
창문에 줄을 매본다
얼굴 없이 새가 지나간다
욕조에 줄을 매본다
물이 마르고 하얀 목이 드러난다
피아노에 줄을 매본다
손가락이 끊어지고 검은 스타카토

무너져 내린 몸의 마디들

투명하게 당겨지는 줄의 한낮

너 얼마나 아프니!
햇살이 조금 늘어나는 말

검은 스타카토

빗물을 받는다
새는 손
건반 위
양동이
차오른 빗물 속을 들여다보다

눌러도 눌러도 죽지 않는 인형
돌아서서 차리는 식탁
빗물
새는 손
검은 접시

눈을 뜨고 자는 잠
울어도 울어도 새가 되지 않는 슬픔
인형과 나란히
빗물
새는 눈

꽃, 살다

부르지 않았는데도
꽃
살다
떠다밀지 않았는데도
통증이 있는 곳으로 몸이 늘어난다
견딜 수 있는 만큼
밤이나 낮

혹은 봄
붉은
살다
통증이 가라앉은 곳도 늘려본다
바람이나 노을

만큼,

지붕 위의 여자

지붕 위에 여자가 올라가 있다
신발을 잊고 나왔다

여자는 쪼그리고 앉아
발밑의 집을 펼쳐본다
눈을 끔벅거리는 여자
지붕 높이까지 자라난 난독증의 나무

음악이 오는가, 고개를 드는 것처럼
물이 오는가, 고개를 드는 여자

여자가 일어선다
물을 읽고 집을 잃으리라
바람의 문장이 오고
뾰족한 지붕 위
맨발로 선 여자

한 발 집을 떠나본다

흔들리는 집
한 발 집을 떠나본다
흔들리는 집
한 발 한 발
지붕 위에서 여자가 달린다

발아래 집이 회전한다

뒤집히는 식탁과 혼잣말, 혼잣말과 의자, 혼잣말과 새장, 혼잣말과 돌아다니는 가구, 혼잣말과 떠다니는 선인장, 혼잣말과 구르는 책, 혼잣말과 잠, 혼잣말과 구석, 혼잣말과 다시 식탁, 뒤집히는……

한낮의 집과 말

발이 붉어진다

나무가 바람을 읽고 있다

물이 오는가

지붕 위

여자가 달린다

담장 위에서

달
오줌이 마렵다
쪼그리고 앉다

담장
흘러내리다

별자리
밤공기 속에서 몰래 옷을 벗다

물방울로 앉아
흔들리다
신발 한 짝을 담장 밖으로 떨어뜨리다

내일은 신발을 찾으러 밖으로 나가야지

한낮
한 짝을 질질 끌고 다니다

저녁
팔다리를 모으고 도사리다

등을 한껏 늘려
담장 위로

달

엉덩이가 젖다

신발 한 짝을 담장 밖으로 떨어뜨리다

내일은 신발을 찾으러 밖으로 나가야지

검정
눈을 감고 기우뚱하다

듯

책상에 앉아
빈 식탁에 앉아
창문 앞에 서서
두 손으로 얼굴을 가리는 일
책상 위에
물 한 방울을 놓고
식탁 위에
물 한 방울을 놓고
창문 앞에
물 한 방울을 놓고
두 손으로 얼굴을 가리는 일

사라질 듯 얼굴 닿을 듯 바다

물을 나르다

동그랗게 놓여 있다
물 한 덩어리
탁자 위에 사과가 놓여 있다
붉거나 푸르거나
꽃병 옆에 사과가 놓여 있다
비릿하게 때로 달콤하게
찻잔 옆에 사과가 놓여 있다
꺼낸 말과 꺼내지 않은 말
책 옆에 사과가 놓여 있다
모른 체하며
사과 옆에 사과가 있다

시큼한 공기
당신의 코 앞에 사과가 있다
떠올라 둥글게 맺히는 것
당신의 머리 위에 사과가 있다
톡톡톡
아래로 떨어져 내리는 음악

당신의 양쪽 귀에 사과가 있다

비

물로 귀가 먼 소녀들이 일어서며 풍경이 다시 시작된다
집 안은 아직 두껍고 딱딱하고,

소녀들이 물을 찾아낸다
여자가 울었던 소리
접시 밑에 숨어 있는 물
여자가 울었던 소리
화분 밑에 숨어 있는 물
여자가 울었던 소리
구두 속에 숨어 있는 물

소녀들이 물의 입 모양을 더듬는다
둥글 물 둥글 물 둥글 물 둥글 물

톡톡톡
소녀들이 창밖으로 물을 나른다

톡톡톡
창밖에 사과들이 뜬다

여자가 누워 있다
소녀들이 여자의 입 모양을 더듬는다
붉은 물 붉은 물 붉은 물 붉은 물

톡톡톡
소녀들이 창밖으로 물을 나른다

톡톡톡
창밖에 사과들이 뜬다

여자가 일어나 몸 아래 물을 들여다본다

아물 물 아물 물 아물 물 아물 물

톡톡톡
여자가 소녀들과 함께 물을 나른다

톡톡톡
창밖에 사과들이 뜬다

집 안은 조금 얇아지고 물렁해지고,

여자가 밖을 내다본다

공중에서 사과들이 서서히 움직인다

톡톡톡

아래로

톡

톡
톡

내
린
다

비

문을 여는 여자

문밖에는 나방이 있다 아마
수천 마리의 밤
문밖에는 아마 나비가 난다
한 마리의 봄
여자가 눈을 뜬다

물 한 방울이 떨어진다 수도꼭지에서, 욕조에서, 천장에서, 아릿한 손끝에서…… 꽃잎 한 장이 떨어진다 벽에 기댄 꽃나무가 고개를 숙인다 눈물 한 방울이 떨어진다 눈물을 따라 얼굴이 떨어진다

물 한 방울로 무엇을 할 수 있나
식탁 위에서, 책상 위에서
손이 무너질 때

차디차게 손이 무너질 때 몸속의 물

을 가만히 누이면 어떤 노래가 반짝이
기도 해 물빛같이, 환하게, 내려놓는
기억같이, 가볍게, 짧게,

톡

물 위에 꽃잎이 떨어진다

톡

우는 얼굴이 물 위에 떨어진다

톡

울다 울다 물은 둥글어지고
울다 울다 얼굴은 둥근 꽃잎이 되고

톡

수면에 물결이 둥글게 퍼진다

둥글게 퍼져서
찻잔에 닿는다

둥글게 퍼져서
책에 닿는다

둥글게 퍼져서

창가에 닿는다

햇살에 닿는다

햇살을 밀고
둥글게 퍼져서

꽃에 닿는다

둥근 꽃잎들을 밀고
펴져서

문에 닿는다

톡

바다로

물 한 방울을 안고 여자가 달린다 물 한 방울을 안고 나뭇잎이 달린다 돌멩이가 달린다 새가 달린다 바람이 달린다 말이 달린다

물사과

푸르지 않은 것에서 시작해
돌아가고 싶지 않은 유년이 있고
나무 없이 열리는 그것처럼
나는 몸뚱이 없이 두 방울의 눈물로 서 있네

부풀지 않은 것에서 가슴을 시작해
쏟아지는 검은 손가락들을 펑펑하게 묻고
얼어서 울어서 얼어서 울어서
얼울거리는 얼울거리는
얼음의 유두

비늘로 덮인 곳에서 사타구니를 시작해

둥글게 둥글게

부드러운 물비늘

입술을 벌리고

시큼하지 않은 것에서 혀끝을 시작해

물로 떠오른 머리, 물로 펼쳐진 꼬리
울며 잠기며 울며 잠기며
머리가 꼬리를, 꼬리가 머리를
물고 도는 물고 도는
물로 울어서 물로 울어서
물울하게 물울하게
회전하는 물

사과

향기롭지 않은 것에서 소녀를 시작해

물울

서 있던 저녁이 앉을까 두 다리가 젖을까 발끝이 떨릴까 잔잔하게 퍼질까
서 있던 꽃이 앉을까 엉덩이가 젖을까 붉을까 둥글까 아플까 울까

물울 물울 물울 물울 물울 물울 물울 물울 물울 물울

서 있던 바람이 앉을까 얼굴을 묻을까 고요할까 잊을까

비의 레퀴엠

비가 흔들린다

우리는
헤어진다

유리병에 담았던 우리의 말들을 쏟아
땅에 묻는다

무덤 주위를 돌며 풍경들이 쏟아진다

풍경 하나를 줍는다
잘린 꼬리와 짓이겨진 비늘

빗속으로

잘린 뱀을 끌고 간다

비가 흔들린다

우리는
계속 헤어진다

물방울이 튀어 오르고
꼬리가 자라난다

물울물울

빗속으로

긴 물뱀을 끌고

도시를 지나다

빌딩으로 점들이 오른다
까맣게, 다닥다닥
1층에서 내리는 점, 2층에서 내리는 점
사람들은 1층과 2층 사이에 낀다
이상한 점은 서로 무관심하다는 점
거리로 점들이 쏟아진다
사람들이 갓길로 밀려나며
점들을 구매한다
너도나도 점들이 배열된 가방을 들고 다닌다
이상한 점은 모두 불안하다는 점
쓰레기통에서 감자가 썩는다
점들이 박힌다 거대해진다
빌딩과 빌딩 사이에 점들이 놓인다
이상한 점은 굴러간다는 점
사람들이 그 사이로

후두두둑,
사람들이 비를 피한다

나는 방울방울
몸에 빗방울을 묻히고
모른 체한다

빗방울
보도블록 위
알몸
중얼거리다
투명하다

웅덩이를 뛰어 건넌다
폴짝폴짝
물웅덩이들이 나를 따른다

빗방울
보도블록 위

고양이들이 꼬리만 내놓는다

나는 수염을 잡아당긴다
깜짝깜짝
물고양이들이 나를 따른다

빗방울
알몸

사람들이 길 밖으로 화분을 내놓는다
어떻게 자랄지 모르는 뜻밖의 꽃나무를 두고
사람들이 도망친다

나는 암술을 벌린다

반짝반짝
물꽃들이 나를 따른다

수족관에 벽돌을 집어넣는다, 사람들은
어떻게 자랄지 모르는 뜻밖의 물고기를 두고

도망친다

빗방울
중얼거리다

나는 수면에 주둥이를 댄다
잔잔한 강의 노래
물고기들이 나를 따른다

빗방울
투명하다

나는 방울방울
몸에 빗방울을 묻히고
모른 체

신발과 헤어지기

저녁, 바닥에 신발이 달라붙다
나는 신발을 벗어두고 걸어간다
두 발이 신발과 함께 놓인다
낮은 담장을 지나며
발은 어디로 갔나
나는 아픈 발목으로
뒤돌아 발에게로 간다
가지런한 신발 속
말을 붙여도 가만히 있는 발
나는 발을 놔두고 다시 걸어간다
지붕들 사이를 지나며
발은 기억할 수 있나
나는 고개를 기울이고
뒤돌아 다시 발에게로 간다
반짝이는 신발 속
말을 붙여도 가만히 있는 발
나는 발을 놔두고 다시 걸어간다
달이 흔들리는 다리 위를 지나며

발은 울 수 있나
나는 검은 눈동자로
뒤돌아 다시 발에게로 간다
조용한 신발 속
말을 붙여도 가만히 있는 발
나는 발을 놔두고

발은 잊을 수 있나

복도와 헤어지기

꽃병이 기울어지고
나는 돌아섰네
한참을 걸어 나왔지만
거기, 가슴이 떨어져 둥둥 떠 있었네
나는 텅 빈 얼굴을 하고
뒤돌아 가슴에게로 갔네
말을 붙여도 가만히 있는 가슴
나는 가슴을 놔두고 다시 걸어 나왔네
긴 복도의 나날
숨이 멎고 돌아보는 어느 강물처럼
가슴이 둥둥 거기 떠 있었네
나는 텅 빈 옆구리를 하고
뒤돌아 가슴에게로 갔네
말을 붙여도 가만히 있는 가슴
나는 가슴을 놔두고 다시 걸어 나왔네
뒤돌아 뛰어가는 골반을 하고
나는 계속 걸어 나왔네
뒤로 달리는 흰 눈동자를 하고

나는 계속 걸어 나왔네
말을 붙여도 가만히 있는 가슴
붉은 물방울의 나날
가슴은 지울 수 있나
비스듬히 쏟아지는 햇살 속에서
병실을 뒤로 하고
나는 계속 걸어 나왔네
꽃병이 기울어지고

물로 헤어지기

나무의 서쪽이 마를 때
새의 한쪽 날개도 마르고
새가 마를 때
베란다에 쳐둔 줄도 마르고
줄이 마를 때
촘촘한 빗방울도 마르고
빗방울이 마를 때
펼쳐 든 우산도 마르고
우산이 마를 때
검은 구두가 함께 마르고
우산과 구두 사이
서 있던 당신이 마르고
이 모든 것이 눈물 한 방울에 맺혀 있고
눈물 한 방울을 발끝에 두고

내가 누워 마르고

물울

서 있던 저녁이 앉을 물, 두 다리가 젖을 울, 발끝이 떨릴 물, 잔잔하게 퍼질 울,

서 있던 꽃이 앉을 물, 엉덩이가 젖을 울, 붉을 물, 둥글 울, 아플 물, 울 울,

구름들이 수면 위에 앉아 있었다
서로의 붉은 얼굴을 봐주고 있었다
찢어진 곳도 어루만져주고 있었다

지붕만큼 부푸는 치마를 갖고 싶어
여자는 집을 나왔네

멀어질수록 집의 단어들은 점으로 사라지고

치마를 부풀리고
연못 위에 앉은 여자

붉은 연못

서 있던 바람이 앉을 물, 얼굴을 묻을 울, 고요할 물, 잊을 울,

휘어지는 비

비의 고요한 한가운데

물울

어디쯤일까

한 발자국을 떼어놓고 안과 밖을 살피던 여자는 몰아치는 비에 우산을 앞으로 하고 둥글게 몸을 말았다 안간힘으로 거센 비의 옆구리를 밀었다

물방울의 계절

넘어졌다
가슴에서 물컹한 것을 놓쳤다
물 한 방울
하나의 눈 속에서, 소녀인 때와 집을 나오던 때와 달리던 때가
동시에 넘어졌다
커지는 물 한 방울
일어서지 못하고 등을 구부리는 일밖에
하루의 마지막 남은 걸음을 끌어 물방울 속으로 들어갔다
검은 소녀와 집을 나온 여자와 달리는 여자가 동시에 들어왔다
둥글게 엉켜 잠드는 밤
물방울 속에서
등은 하나로 겹쳤다가 여러 개로 떨어졌다가
한없이 무늬를 펼쳤다
조용히 서로의 얼굴을 들여다보았다
가장 아프게 쥐고 있던 어둠을 가만히 풀었다

떨어져 나갔던 마디들이 돌아오기도 하는 밤
사라진 손가락을 기억했다
바람이 불고
물방울이 흔들렸다
등에서 잔잔히 물결이 일었다
서로의 여린 등을 어루만져주었다
어둠이 환하게 맺히기도 하는 밤
13개의 달이 물방울 위에 뜨고
반짝이는 손끝의 분화

아침, 길 위에서 눈을 뜨다

입이 더듬이의 세계로 돌아가다
등이 따뜻하다

가슴에서 물컹한 것이 만져진다
물 한 방울
혹은

13개의 물
안고

걸어간다

물로

제1의 물로는 마냥 흐르게 한다 이것이 다일 수도 있다는 생각을 한다 제2의 물로는 흐르면서 흐르는 것을 감춘다 물뱀의 생리를 익힌다 제3의 물로는 거꾸로 흐르는 것을 감행한다 몰래, 이것은 거슬러 오르는 물고기 떼를 이용한다 제4의 물로는 뛰어오른다 허공에 찬란하게 물방울을 날린다 제5의 물로는 반짝 사라진다 찬란한 것을 몰락시킨다 제6의 물로는 우연히 죽음에 다가오는 것을 맞이한다 흔히 날개가 달리고 가벼운 것들을 바싹 잡아당긴다 제7의 물로는 죽어가는 것을 모른 척한다 수면이 흔들리는 것을 감내한다 제8의 물로는 죽음을 떠받친다 죽음이 그냥 떠 있게 한다 제9의 물로는 무덤을 만든다 물에 잠기지 않는 날개를 물로 묻는다 제10의 물로는 죽음을 나른다 물에서 물로 이장되는 무늬를 본다 제11의 물로는 다시 뛰어오른다 햇살과 바람을 머금고 제12의 물로는 새로운 무늬를 펼친다 수평선을 안고 등을 구부린 울음의 무늬가 찬란할 때 제13의 물로는 몰락한다 읽는 순간 사라지는 물을 완성한다

물로 벽

나는 물로 벽이 되어본다 제1의 물로는 스며든다 더듬어 스위치를 찾을 수 있는 곳에 제2의 물로는 꼿꼿이 선다 흘러내리지 않고 휘어지지 않는다 제3의 물로는 겉을 단단히 한다 팔다리와 가슴을 안으로 집어넣고 딱딱한 마디들을 밖으로 내놓는다 제4의 물로는 지나가는 것을 바라본다 안에서 밖으로 눈을 뜬다 사람들이 지나간다 제5의 물로는 그들처럼 지나간다 흘러내리는 팔다리를 쉼 없이 흔든다 제6의 물로는 그들을 안는다 휘어지는 가슴을 고백한다 사람들은 빠르게 지나간다 제7의 물로는 빠르게 달린다 달리면서 안는다 사람들은 점점 멀어진다 끝내 그들을 안지 못하고 제8의 물로는 달리면서 제자리를 지킨다 계속 밖을 바라본다 아직 그리운 '벽'을 쓴다

달과 구두

제1의 물로는 달을 정지시키고
제2의 물로는 달을 무릎 위로 끌어내리고
제3의 물로는 달을 열고 몸을 집어넣고
제4의 물로는 달로 떠오르는 일

유리문 바깥에 봄이 와 서 있다
밤이 와 같이 서 있다
봄밤
비가 와 같이 서 있다
젖은 구두
두 켤레 어둠이 안을 들여다본다
맨발의 여자
안을 서성이다
대로변
여자는 구두를 신고 다시 걸어간다
집이 보이자 구두를 벗고 안으로 들어간다
등이 뜨겁다
횡단보도 위

여자는 일어나 다시 걸어간다
집이 보이면 구두를 벗고
안을 생각한다
구두 옆에 꽃나무가 서 있다
아프지 않은 구두는 아프지 않은 집을 생각한다
구두는 점점 커진다
여자는 안을 열어본다
벽
손이 빠져나오지 않는다
뒷걸음질 치다
구두가 꽃나무 그림자만큼 커져 있다
여자는 몸을 웅크리고 구두 속으로 들어간다
구두 속에서 하늘을 올려다본다

달이 저수지 위로 내려앉는다
꽃나무가 기울고
그림자가 늘어진다
구두가 천천히 저수지로 걸어 들어간다

달

문을 열고 닫았다
아프지 않았다
누울 수 있었다

구름과 의자

네 개의 다리가 길게 흘러나와
뒤를 따라왔다
그녀는 돌아서서 의자와 마주했다
오랫동안 기대어온 모서리
그녀는 의자를 나무 밑에 놓았다
다시 들판 한가운데에 의자를 놓았다
다시 언덕 위에 의자를 놓았다

그녀는 의자 밑에 숨어보았다
다시 의자 뒤에 숨어보았다
다시 의자 위에 숨어보았다

지나온 도시에서 습관처럼 바람이 불어왔다
의자를 놓는 일 혹은 숨는 일

의자에 앉아 물을 생각한다
구름에 가까이 가까이

구름이 얼굴 앞까지 내려온다 놀란 1의 물
구름이 무릎 위에 앉는다 속삭이는 2의 물
우는 일을 고민하다 구름 제3의 물

그녀는 나무 밑에서 울어보았다
들판 한가운데서 울어보았다
언덕 위에서 울어보았다

방향을 살피다 구름 제4의 물

나무를 향해 의자를 놓다
들판을 향해 의자를 놓다
언덕을 향해 의자를 놓다

나무 위에 떠서 붉다
들판 위에 떠서 붉다
언덕 위에 떠서 붉다

의자

흩어져서 울다

아름다운 상자

둥근 손과 발을 길게 늘려본다 팔과 다리를 구부려 모서리를 만들어본다 입으로 열고 닫는 말을 생각해 본다 웅크리고 안에다 후후 숨을 불어본다 안을 부풀리는 일 그런 하루, 상처가 된 말을 품어본다 고요히 웅크려 상자가 되어본다 물로 나는

이동해본다 가슴속에 달그락거리는 말 하나를 넣고 바람의 꼭짓점을 연결해본다 달리는 바람을 따라 멀리 갔던 나무와 이제 돌아와 서 있는 나무 이야기 그리고 안을 비우는 일 그런 하루, 물로 나는 상자가 되어본다 한쪽 귀퉁이를 열어 말을 내보낸다

찔끔, 밖으로 나온 것을 바라본다 햇빛에 반짝이기도 하고 바람에 들뜨기도 하는

뚝뚝, 아래로 떨어져 내리는 옥상에서 나는 물로 상자가 되어본다 난간에 몰려 있는 것들에게 다가간다 끝내 내몰린 것들을 품는다 안을 부풀리는 일 그리고 안을 비우는 일 그런 하루,

날아본다

물로 열고 닫고 열고 닫고

물과 나비

잎사귀 위에 물방울이 앉아 있다 손끝을 대본다 꿈이라면 좋은 날, 넘어져도 좋겠지 이렇게 물로 날개를 펼치고 물로 아지랑이를 부르고 물로 처녀막을 두르고 물로 꽃을 열고 닫고 물로 빨강을 입었다 벗었다 물로 암내를 흘렸다 주웠다 물로 파랑과 놀다 노랑과 붙다 물로 바람을 피우고 햇살을 뿌리고 물로 반짝반짝 물로 팔랑팔랑

물구두

바닥에 물자국이 놓여 있다 그녀가 가만히 디뎌본다 물로 걸어가본다 물로 뛰어가본다 동시에 물로 돌아온다

아픈 그녀를 두고 투명한 구두가 걸어간다 물컹한 구두는 아픈 쪽에 놓여 있다 어쩜 그리도 아팠을까 그녀는 물컹한 구두를 들여다본다 두 발이 반짝거린다 어느새 아픈 쪽을 놔두고 투명한 그녀가 걸어간다 투명한 구두를 따라, 아픈 그녀는 제자리에 서 있다 물컹한 구두와 함께, 그러므로 그녀는 물로 서 있다 동시에 물로 걸어간다 남겨지며 떠난다 우두커니 향한다 정지하며 출발한다 덩그러니 뛰어간다 물자국을 끌며 끊으며 물로 쓰며 지우며 물로 젖으며 마르며 물로 또각또각 구두 물구두

물잠

줄 위에서

몸을 웅크린다
집 없이 자는 잠
바다 쪽으로 이어진

줄 위에서

물방울
아래로 맺히는

나는

두 눈을 감아본다
물방울
투명한

울어본다

물방울
고요한

말리지 않는 혀를 말아본다
물방울
부드러운

줄 위에서
아래로 맺히는

눈물

방울방울
포근한

잠

물울

돌아서는 여자와 아이 사이에 물 한 방울 돌아서는 골목길과 벚나무 사이에 물 한 방울 돌아서는 언덕과 돌멩이 사이에 물 한 방울 돌아서는 당신과 나 사이에 물 한 방울

돌아서는 말과 나 사이에

물

한 방울

물의 요일

흘러갔던 눈물이 거슬러 거슬러 집을 찾아오네
숲에서의 하루
집은 나무들 사이이거나
구르는 돌과 돌 사이
투명한 요일

나는 문을 열어두고
탁자의 둥근 귀를 만들고 있어
눈물은 집 안을 돌아다니네
부푼 몸을 기우뚱거리네
예민한 공기
나는 손끝이 떨리네
귀가 자꾸 뭉개지네
눈물이 포근한 자리를 찾아 눕네
햇살이 잠시 눈을 감았다 뜨는 곳에서
눈물이 고요히 몸을 푸네
둥근 배가 마르며
방울방울 물방울들이 쏟아지네

따뜻하고 투명한 물방울들
따뜻하고 투명한 물방울들
나는 탁자를 안고 기우뚱
탁자 위로 빛이 쏟아지고
나는 반짝 행복한 귀

따뜻하고 투명해
따뜻하고 투명해
나무들 사이이거나
구르는 돌과 돌 사이
물의 요일

투명한 방

아침에 새와 함께 깰 때
귀가 있는 듯 없는 듯하기

차를 마실 때
입술이 있는 듯 없는 듯하기

의자에서 자세를 고쳐 앉을 때
등이 있는 듯 없는 듯하기

복도의 이쪽에서 저쪽으로 갈 때
다리가 있는 듯 없는 듯하기

병실로 들어섰을 때
흰 살결이 있는 듯 없는 듯하기

바다 쪽으로 쳐진 커튼을 젖힐 때
두 팔이 있는 듯 없는 듯하기

이제 바다로 갈 때
눈물이 있는 듯 없는 듯하기

낮은 구두와 높은 구두

맨발이 돌아다니며 방 안의 바닥을 구성할 때
선반 위에 놓인 낮은 구두와 높은 구두

맨발이 가만히 바닥에 누울 때
발이 잠들기를 기다려 낮은 구두와 높은 구두

제1의 물과 제2의 물과 제3의 물이 떠돌 때
눈을 뜨는 낮은 구두와 높은 구두

창문이 열리고 달이 들어오고
수건이 펼쳐져 떠오르고

베개가 부풀어 오르고
물컵이 차오르고

입었던 옷들이 돌아다닌 모양대로 펼쳐지고

똑똑, 선반 위에서 물구두가 내려온다

맨발은 물구두를 신은 모양

탁자가 창밖으로 꽃들을 나른다
맨발이 따라가며 붉은 물이 든다

투명한 유리창을 또각또각 딛고
붉은 강물에 뛰어들다
물구두
강물 속을 유유히 흐르다

후회 없이 떠돌아다니고
더러는 버린 마음을 주워 깨끗이 닦는다

강이 사라지고
젖어 돌아오는 맨발

선반 위에서 눈을 감는 낮은 구두와 높은 구두

사라진 도서관에 갔다

긴 책 제목을 외우며 갔다
한 손에 물사과를 들고 갔다

우연을 가장한 건물이 서 있고
우연을 가장한 골목이 누워 있고

책 제목을 잊어버리는 곳에서
나무가 사라져 있었다

사라진 도서관에 갔다

서가와 서가 사이로 숨어들었다
발끝에서 머리끝까지 책들이 콕콕 찔렀다
고개를 돌리는 곳에 창문이 서 있었다

무릎 높이에서 책 한 권을 뽑아 들었다

긴 책 제목이 생겨나고

나무가 보라색 꽃을 흔들었다

유리창에 소녀가 비쳤다
손끝이 반짝반짝 책을 읽고 있었다
시간이 한참 동안 꽃을 흔들었다

책을 제자리에 꽂아두고 도서관을 나왔다

후두두둑
책 속의 글자들이 빗방울로 떨어졌다
뛰었다
후두두둑
옆에서 소녀가 함께 뛰었다

비가 그치고,
햇빛
어느새
사라진 소녀

톡톡
손바닥으로 물사과를 가지고 놀다
띄우고 받고 띄우고 받고
높이 띄우다
햇빛에

물사과

날다

반짝

연인들

구두와 모자
사이에 물이 있다
구두는 바닥에 모자는 공중에
구두는 앉아 있고 모자는 떠 있다
혹은 뒤집혀 있다
구두는 공중에 모자는 바닥에
혹은 둘 다 바닥에
혹은 둘 다 공중에
발끝에 물이 오르고 얼굴에 물이 오르고
구두와 모자
사이에 두 사람이 서 있다
혹은 누워 있다
구두와 모자
사이에 두 사람이 부풀어 있다

마을을 지나다

전설이 오는 길 위에 병자들이 앉아 있었다 몸에 피를 칠한 여인들

일렁이다, 발끝이 머리끝을 바라보다

전설은 병든 여인들을 축복했다 머리에 햇살을 얹어주고 발에 재를 뿌려주었다 여인들은 붉은 꽃을 띄운 물에 대하여 암송했다 고요한 병을 안고

일렁이다, 입과 귀가 붙다

흉측한 얼굴에 물빛이 떠오르면, 전설은 환한 물의 장소를 가리켰다 먼 그곳에서 물 위에 핀다는 꽃이 고개를 들었다

일렁이다, 발끝이 머리를 향해 걸어가다

전설이 길을 붉게 물들였다 여인들이 꽃을 향해 걸

어갔다 전설은 여인들의 발끝보다 먼저 꽃을 노래했다 닿으면 보이지 않는 꽃, 닿는 순간 물과 함께 사라지는 꽃, 병처럼 아름다운 그 꽃을 향해

일렁이다, 여인들이 봄을 쓰다

길 위의 식사

굶주린 손은 맨발만큼 사나웠다 풀뿌리를 찾아 땅을 파헤쳤다 손톱이 발톱으로 돌아갔다 열매를 찾아 나무를 밟고 올라갔다 부풀지 않은 위장에는 널빤지나 못, 비닐봉지를 주워 넣었다 입에는 더러 피를 묻히는 상상을 했다 쥐라도 잡아먹을 듯한 눈빛이 저녁의 물에 비쳤다

밤에는 어둠 속에서 돌멩이들이 날아왔다 비명과 함께 그을린 돌멩이들, 노래 없이 배가 갈라진 짐승들의 울음소리 그리고 멀리서 기차가 지나갔다

아침의 물은 온순하다 아무것도 비치지 않는다 아침의 물에 손톱을 씻는다 들판으로 나가 길들여지지 않은 풀을 뜯어 먹는다 산으로 가 길들여지지 않은 나무를 먹는다 길가에 핀 길들여지지 않은 꽃을 먹는다 태양 아래 길들여지지 않은 물을 마신다

발의 슬픔

놀란 짐승들이 이리저리 날뛰었다 어미 잃은 새끼들이 치마 속으로 뛰어들었다 가진 물이 적어서 나는 슬펐다 나무들이 불을 안고 쓰러졌다 새들이 불을 달고 떨어져 내렸다 나의 물은 작아서 슬펐다 숲이 불타고 있었다 발이 붉다

검은 숲에서

까맣게 탄 두 발로 여자는 숲에 서 있다 재로 뒤덮인 숲, 여자는 알몸으로 검은 숲을 헤친다 재에 얼굴을 갖다 대며 여자는 땅에 가장 가까운 동물이 된다 네발로 기어 다니며 먹을 것과 잘 곳을 찾아다닌다 알몸이 재를 뒤집어쓴다 사타구니에서 검은 피가 흘러나온다 가진 물로 눈을 씻는다 바람이 불자 재가 밤처럼 날린다 네발이 다 뭉개진다 바람 끝에서 어린 잎 하나가 고개를 든다 여자는 말 붙일 것과 꿈꿀 곳을 발견하고 잎에 가장 가까운 동물이 된다 여자는 몸을 둥글게 말아 잎을 감싼다 그리고 잠이 든다

신화를 읽는 여자

소를 타고 간다
알몸으로
향이 피어오르는 마을에선
벽에 붙어 돌이 된다
온몸에 피를 칠한다
내가 울 때 노래를 불러다오
바람 소리
돌에서 처녀로
햇빛에 가슴을 내놓는다
덤불 속에 뛰어들고
들녘
꽃에 물들다

노을

젖은 두 귀를 열고

두 발은 신전으로

물과 나무들

서 있는 여자들
알몸으로
옆으로 옆으로 속삭이는 여자들
유방을 얘기하고 자궁을 얘기하고
오른쪽과 입을 대고 왼쪽과 귀를 대고
물가에서 가늘게 흔들리는 나무들

옆으로 옆으로 나는 나아간다

도레

아프고 나서 바라보니 고요한 나무
아프고 나서 바라보니 고요한 언덕

울었던 나무
울었던 언덕

고요한 수선화
고요한 돌

고요한 나비

우는 길

울 바다

아름다운 지붕

지붕을 만든다 멀리서 빗줄기가 몰려오고, 태풍이 달려오고, 뜨거운 태양이 굴러 온다 사막을 딛고 서서 나는 머리 위에 지붕을 만든다 맑고 고요한 수평의 물체 혹은 몸이 수평으로 뜨는 어떤 공기의 이야기, 나는 사막을 딛고 서서 물로 지붕을 짓는다 빛나는 지붕, 빗줄기를 만나 춤을 추고, 태풍에 안겨 멀리 날아가고, 뜨거운 태양 아래 반짝 사라지기도 하는

헐거운 밤의 옷

나무 밑에 서 있던 것들
차츰 다리가 지워지고
간신히 떠 있기도 했던 것들
뚝뚝뚝
얼굴과 헤어지던 것들

눈물방울들을 주우러 나무 밑으로 가는 밤과

옷을 입은 채 단추를 달 때
꺾은 목과 구부린 두 팔로
잠시 나를 안았다 놓았다
치마 위에 소복한 것들
한 방울씩 집어 바늘과 실로 꿰어
1의 방울을 1의 자리에 2의 방울을 2의 자리에

눈물방울들을 하나하나 꿰매어 다는 밤과

겹쳐 있는 어둠을 가위로 둥글게 오리면

구멍이 생기지
따끔, 살을 찔렀던 바늘의 간격을 따라
겹쳐져 주름이 생긴 말들을 따라
깊고 깊게, 아무도 모르게

여기저기 구덩이를 파는 밤과

첫 단추를 첫번째 구멍에 채우고
눈물방울을 안고 나는 달린다
제13의 눈물방울을 제13의 구덩이로
달려도 달려도
어긋나고, 너무 멀고,

채워도 채워도 헐거운 옷의 밤과

구덩이

이곳은 맘에 들어
조용하고 포근한
혼자 누울 수 있고
혼자 일어설 수 있는
몸에 딱 맞는
수천 개의 그림자들이 뭉쳐 있는
살갗처럼 달라붙어 함께 움직이는
어둠
이곳은 구덩이

나는 발끝부터 젖는다

구덩이 속으로 물이 들어온다
골반으로 차오르는 물을 보며
가슴으로 차오르는 물을 보며
목을 비트는 물을 보며
나는 눈을 감는다
물속에 입을 넣고

물속에 귀를 넣고

구덩이는 축축하다
나는 물속에서 눈을 뜬다
물로 숨쉬기

구덩이 속에서 나는 달린다

제1의 물로는 마냥 흐르게 한다
제2의 물로는 흐르면서 흐르는 것을 감춘다
제3의 물로는 거꾸로 흐르는 것을 감행한다
제4의 물로는 뛰어오른다
제5의 물로는 반짝 사라진다
제6의 물로는 우연히 죽음에 다가오는 것을 맞이
한다
제7의 물로는 죽어가는 것을 모른 척한다
제8의 물로는 죽음을 떠받친다
제9의 물로는 무덤을 만든다

제10의 물로는 죽음을 나른다
제11의 물로는 다시 뛰어오른다
제12의 물로는 새로운 무늬를 펼친다
제13의 물로는 몰락한다

구덩이는 까맣다

나는 멈춰 선다
감각이 없는 것
더듬기 시작하는 것
두 다리가 태아 적으로 돌아간 것
비명을 질러도 소리 나지 않는 것
입술을 깨물어도 붉어지지 않는 것
그것은 구덩이

한낮의 얼굴을 밤으로 칠하고 뒤틀어진

우울

물

구덩이

나는 가라앉는다

물로 토끼

물로 토끼가 나타난다
한 겹
희미하게 담장을 끌거나 나뭇가지를 끌거나
구름을 부르고

머리 위에서 문득문득

물로 토끼가 나타난다

담장 위에, 나뭇가지 사이에, 혹은 구름 속에

머리와 앞발이거나 머리와 꼬리이거나, 뭉텅뭉텅
코와 입이거나 눈과 귀이거나, 조각조각
물로 토끼가 나타난다

물로 토끼는 웃으며 나타난다 희끗희끗
물로 웃음은 흩어지는 것

단어 하나만으로도 부끄럽고 슬플 때
물로 웃을 것
문자로 쓸 수 없는 것을 쓸 때
물로 웃을 것

반짝반짝
입과 귀가 떨어지거나
(중얼거리게 만든다)
눈과 눈이 헤어지거나
(더듬어야 한다)
말과 말이 헤어지거나
(울어야 한다)

한 겹 한 겹
그리움을 쓸 때
물로 토끼가 나타난다

물울

1은 잔잔하다 2는 깊다 12는 푸르며 잔잔하고 깊다
3은 둥글다 4는 아찔하다 44는 고요하며 아찔하다
3443은 우울하며 둥글고 고요하고 아찔하다

물속의 시간

내가 사는 물속에서 물로 토끼는 산다 물로 토끼는 나타나자마자 사라진다 눈 깜짝할 사이, 혹은 입술이 벌어지는 사이, 혹은 살자마자, 그 사이가 모호해서 물로 토끼가 나타나는 때를 아침, 물로 토끼가 사라지는 때를 저녁이라 한다 매일 물로 토끼가 나타난다 나는 아침에 물로 토끼를 사랑하고 저녁에 물로 토끼와 이별한다 아침에서 저녁으로 음악이 흐른다 나타나자마자 사라지는 음악

내가 사는 물속에는 또 매일 말들이 나타난다 모양과 소리가 애매모호한 그 말들 중에는 아침에 나타나 저녁에 사라지는 것들이 있다 그 말들은 물로 토끼가 된다 아침마다 물로 토끼들이 늘어난다 하얀 꽃 무더기처럼 이때의 물로 토끼들은 아름답다 저녁마다 물로 토끼들은 사라진다 하얀 물안개처럼 이때의 물로 토끼들도 아름답다 눈부신 그 빛깔이 모호해서 물로 토끼들이 하얗게 나타나는 때를 봄, 물로 토끼들이 하얗게 사라지는 때를 겨울이라 한다

물속의 새

모른 체하는 새다 침침한 새다 조용한 새다 저물도록 새다 바빠진다 새다 그래도 새다 오후에 새다 기억하지 못한다 새다 불평이 없다 새다 아롱지면서 새다 다시없는 새다 굴절시켜서 새다 따끈따끈해지다가 새다 연기를 내면서 새다 구멍을 뚫어놓는 새다 초조한 새다 죽고 싶을 만치 새다 거울을 가지고 새다 도무지 새다 비약한다 새다 거울을 내던지고 새다 가만히 새다 숨죽이듯이 새다 가벼운 새다 폐로 스며들면 새다 스르르 새다 체취의 새다 파편이다 새다

여인의 집

1, 2, 3까지 간다 그다음 4는 1을 분쇄하여 5는 2를 분쇄하여 6은 3을 분쇄하여 만든다 첫번째 시집을 분쇄하여 네번째 시집을, 두번째 시집을 분쇄하여 다섯번째 시집을, 세번째 시집을 분쇄하여 여섯번째 시집을 마감한다 그리하여 세상에는 한 권의 시집도 남지 않는다

둥근 물체가 굴러 온다 아마도 집, 여인이 살고 있다 여인은 하루 종일 달을 공작한다 어제의 달을 끌어안고 오늘의 달을 습작한다 여인은 까다롭고 예민하고 능숙한 분쇄공이다 어제의 달을 분쇄하여 오늘의 달을 만든다

달을 반으로 가른다 그다음, 달의 안쪽을 뜯어낸다 그리고 달의 가장자리를 매끄럽게 간다

마지막 페이지의 마지막 시처럼 집은 한없이 흔들린다 여인의 손끝이 떨린다 속을 다 뜯어낸 달은 소

름이 끼친다

쨍그랑, 달을 놓친다 바닥에 파편이 튄다

여인이 일어나 창문을 연다

하늘을 올려다본다

달이 없다

아무 일도 일어나지 않고

망친 년

달

점자를 읽는 소녀

창가에 소녀가 앉아 있다

비
잊은 것들을 내밀다

손
환하게 뒤집히다

바람이 안쪽으로 불다
탁자 위에 물방울들이 앉아 있다
건드리면 사라진다

소녀가 손끝으로 물방울들을 더듬는다
톡 톡 톡
물속에서 살았던 나무 이야기

무릎이 축축하게 젖어들고
조금 차갑고 투명한 물탁자

있는 듯 없는 듯 앉아 있는 연인에게

말
눈가에서 방울방울 날아오르다

손이 흐른다

나무와 헤어진 바람 이야기

토독 토독

비와 함께

장미

연속적이거나 장미다 관련이 있고 장미다 역할을 한다 장미다 좌측 전두엽에서도 장미다 특히 장미다 정돈된 장미다 구성하도록 장미다 중요한 사실은 장미다 이끌어내기 위해 장미다 조종하는 장미다 두번째 증거는 장미다 대화가 가능할 장미다 빠르다 장미다 고려해볼 때 장미다 밀접하게 장미다 더욱 장미다 매우 빠르고 장미다 다양한 예들을 통해 장미다 적절히 장미다 헝클어진 장미다 가령 장미다 부가적인 설명이 필요할 듯하다 장미다

물속의 점심식사

달려온 아이는
두 시에 손님들이 온다고
소식을 전하고 다시 달려갔다
두 시를 향하여
탁자에 의자 네 개
꽃병이 기울어져 있었다
초인종이 울리고, 문을 열자
양복에 넥타이, 검은 구두를 신고
목 위로 얼굴 없이, 네 사람이 와 있다
뒤이어 막 달려온 아이는
얼굴들은 조금 나중에 온다고 소식을 전했다
아이는 다시 달려갔다
손님들이 탁자에 앉았다
식사가 시작되었다
양복 소매 끝에서 희고 앙상한 손들이
나이프와 포크를 쥐고 움직였다
음식들이 넥타이 근처에서 사라졌다
탁자 위로 차와 과일이 나왔다

찻잔을 들며 손님들이 가끔씩 웃었다
한 사람이 접시 위의 물사과를 가리켰다
한 사람이 물사과를 가까이 들여다보았다
한 사람이 물사과를 들어 냄새를 맡았다
한 사람이 물사과에 포크를 찔러보았다
이건 사과가 아니다
네 사람이 일제히 다리를 꼬았다
꽃병이 기울어져 있었다
이때 초인종이 울리고, 문을 열자
네 개의 커다란 사과가 공중에 떠 있다
그중에 하나는 모자를 썼고, 하나는 안경을 썼다
뒤이어 막 달려온 아이는
다음의 손님들이 곧 온다고 소식을 전했다
아이는 다시 달려갔다
다음의 두 시를 향하여

남쪽 미파

물울물
울 울물울 울
울물 울 물울
물울물울 울물울물
울   울물 울 물울
물울   울 울물울 울
물울물울   물울물
물울물울 울
물울물울물울
물울물울물울 울울
물울물울물울 울 울
물울물울물울물울 울
물울물울물울 울울 울
물울물울물울 울 울울 울
물울물울 울울 울울 울
물울물울 울 울울 울울 울

물로 하품하기

지나갔던 사람이 또 지나가는 창가에서
나는 거짓말을 한다

지나갔던 사람이 또 지나간다

아는 사람은 아니다

새가 지나가는 창가에서
나는 거짓말을 한다

나른한 오후다

지나갔던 새가 또 지나간다
날아가는 것은 아니다

물속에서 무엇을 기다릴 수 있나

나는 가만히 눈을 감았다 떴다 감았다 떴다

앞을 휘젓는다

혀를 말았다 풀었다 말았다 풀었다

휘말린다

자전거가 넘어지는 창가에서 나는 거짓말을 한다
뛰어갔던 여자가 또 뛰어가는 창가에서 나는 거짓말을 한다

같은 창가에 앉아 있는 것은 아니다

물속에서 무엇을 기억할 수 있나

신발이 떠내려가는 창가에서 나는 거짓말을 한다

도시가 기울어진다

탁자에 턱을 괴고 앉아 나는 거짓말을 한다

떠내려갔던 신발이 또 떠내려간다

물속에서 무엇을 버릴 수 있나

다리를 꼬았다 풀었다 꼬았다 풀었다

나는 꼬인다

벗어나도 벗어나도 도시다

팔꿈치를 탁자 밑으로 계속 흘리며
놀랐다가 웃었다가 놀랐다가 웃었다가

나른한 창가에서 나는 거짓말을 한다

들킨 고양이가 지나간다

기지개를 켜며 나는 거짓말을 한다

귀찮은 고양이가 지나간다

물속에서 무엇을 물을 수 있나

장난치는 고양이가 지나간다

안단테 달

구덩이가 꿈틀거린다
　　　　　　　　여인의 집이 기우뚱한다
물은 날카롭다
　　　　　　　　달은 날카롭다
넘어진다
　　　　　　　　달을 놓친다

　　　　　　　　집에 물이 차오른다
물구두가 떠내려온다

물구두를 신는다
　　　　　　　　물이 회전한다
물이 회전한다
　　　　　　　　물을 따라
　　　　　　　　침대가 둥글어지고
　　　　　　　　천장이 둥글어지고
　　　　　　　　창문이 둥글어지고
물을 따라 달린다

물구두하게 물구두하게

구덩이는 고요하다
집은 고요하다

아무것도 건드리지 않고
몸의 어디도 어느 곳에 닿지 않고
빛조차 건드리지 않고
몸을 오므린다
고이는 것을 고이는 대로 두고
마음 한 방울만 건드린다
건드린다
잔잔히
손끝이 가고 발끝이 가고
밖이 밝아온다
둥근 물결
제1의 물로는 달을 정지시키고
제2의 물로는 달을 무릎 위로 내리고

제3의 물로는 달을 열고 몸을 집어넣고
제4의 물로는 달로 떠오르는 것
집이 둥글어진다
구덩이가 부드러워진다
둥둥
집이 떠오른다
천천히 천천히
둥둥
구덩이가 떠오른다

천천히 천천히
위로
위로
천천히 천천히
천천히 천천히
달
달
웃는다

웃는다

환하게 환하게

환하게 환하게

달

달

저수지를 지나다

제1의 물로는 아무것도 건드리지 않는다
몸의 어디도 어느 곳에 닿지 않는다
빛조차 건드리지 않고
제2의 물로는 몸을 오므린다
고이는 것을 고이는 대로 두고
제3의 물로는 마음 한 방울만 건드린다
잔잔히 손끝이 가고 발끝이 가고
제4의 물로는 물결 되기

나무와 말

나무 사이로 둘이 걸어간다 둘은 같은 방향

나무 사이로 나란한 손의 방향, 한쪽은 사랑에 빠지는 손이고 다른 한쪽은 이별을 하는 손이다 둘이 걸어간다

둘, 나무를 보기 위해 손을 쓴다 한쪽 손이 푸른 말을 끌고 간다 동시에 다른 한쪽 손이 푸른 말을 자리에 세워놓는다 나무 사이로 손과 함께 말이 푸르다

둘, 나무를 부르기 위해 손을 쓴다 한쪽 손이 빠르게 말을 앞으로 당긴다 다른 한쪽 손이 빠르게 말을 뒤로 민다 나무 사이로 말이 달린다

둘, 나무를 노래하기 위해 손을 쓴다 한쪽 손이 휑휑 말을 내리친다 다른 한쪽 손이 말을 휑휑 쓰다듬는다 나무 사이로 휑휑 말이 휑휑 운다

나무 사이로 둘이 걸어간다

달물

물 위에 누워 달을 바라본다 물속에 얼굴을 잠근 밤, 알몸으로 바라보는 만월이다 물속에서 숨을 참는 동안 벌어지는 말,

달이 물결을 흔든다 가슴이 둥글게 떠오른다 발끝이 둥글어지고 물 아래 자궁이 둥글어진다 달의 주둥이들이 내려앉아 물의 몸을 핥고 물의 주둥이들이 떠올라 달의 몸을 핥는다 달과 물 사이에 알몸이 있다 공기처럼 부푼 사람을 끌어안으며 알몸은 달물해

달이 수면을 잡아당긴다 물은 팽팽하다 달의 이파리들이 달려들어 몸을 끌어 올리고 물의 이파리들이 달려들어 몸을 끌어 내린다 달과 물 사이에 알몸은 수평하다 안고 있던 사람을 놓으며 알몸은 달물해

물뱀

하얗게
나는 부패한다

한낮 수면에 떠올라 배를 뒤집는다
이곳 저수지의 흔한 죽음의 형식으로
얇게 백지를 드러낸다

나는 고요히 떠 있다
흰 비늘들을 하나하나 젖힌다
물빛이 하얗게 바람을 따른다
나는 흐물흐물 흩어진다

온몸에 검은 글자들이 내려앉는 밤
몸을 읽는 일로
상처를 드러내는 일로
눈물을 지어내는 일로
책은 반듯해진다

상한 손톱으로 몸을 긁어낸다

걸어서 환한 대낮이 오고

나는 죽은 듯이 떠 있다

흩어지는 머리를 향하여 꼬리의 질주
흩어지는 꼬리를 향하여 머리의 질주
한낮 내내 나는 수면을 뱅글뱅글 돈다

하얗게 배를 뒤집은 물　　　　　　　　뱀

어제까지 썼던 모든 것들을 뒤집고
백지로 떠오른

둥근 책

나는 하얗게 부패한다

물로 걷는 나무

길이 이렇게 있어 어디쯤일까 아마도 강이 시작되지 점점 넓어지지 바다로 가는 거야 길 위에는 나무들이 있어 여기 여기 여기 이렇게 줄을 선 것 같지 하지만 가만히 걷는 거야 천천히 천천히 바다로 바다로 아마도 강 물속에도 나무들이 있어 이렇게 이렇게 이렇게 기울어져 있지 그림자 같지 하지만 가만히 걷는 거야 꿈처럼 바다로 바다로 여기에서 여기로 나뭇잎들이 흔들리지 여기 한 방울 여기 한 방울 여기 여기 한 방울 한 방울 반짝거리지 바다로 바다로 방울방울 물방울 나무들이 걷는 거야 여기에서 여기로 물속의 나무들도 고요하게 한 방울 한 방울 투명하게 방울방울 물방울 걷는 거야 처음 걷는 것처럼

산책

제1의 물로는 집이 점이 될 때까지 걸어서
제2의 물로는 오른쪽이 왼쪽이 될 때까지 걸어서
제3의 물로는 발끝이 뒤꿈치가 될 때까지 걸어서
제4의 물로는 구르는 돌멩이 되기

헤어지고 돌아왔을 때
두 발은 닳아 있고
휘어져서 보이지 않는 길의
외지고 차가운 곳에 툭 떨어져 있을 말이
이별의 귀를 달고 있을 당신이
언 두 다리 식물로
겨울에서 봄으로, 봄에서 봄으로
제1의 물에서 제2의 물로
걸어올 때

이별은 끝을 모르고

나는 구른다

물 피아노

여기서 울고 저 멀리 가서 듣다

도레,
온몸이 붇도록
물을 만지는 여인들
미파, 꽃들을 따라 멀리 간다

나는 두 귀가 없이

물이 무릎에 닿았을 때 의자에 앉았지
물이 팔꿈치에 닿았을 때 건반에 두 손을 올려놓았지
물이 가슴에 닿았을 때 첫 음을 누르고
물이 두 눈에 닿았을 때

떨다, 흐르다

꽃의 음정

여기서 울고
나는 아주 멀리 가야 하네

|해설|

도래하는 오필리아의 무곡

최현식

저의 내밀한 운명을 자을 줄 아는 텍스트라면, 존재와 세계를 향한 숨겨진 깊이와 무한의 첫 그물코를 어딘가 얽어두기 마련이다. 신영배의 새 시집 『물속의 피아노』는 이 그물코의 방사형 확장을 위해 내면과 행위의 파동 모두를 현재진행형 시제에 의뢰 중이다. 첫 그물코의 지속적인 기억과 호출은 텍스트의 기원, 바꿔 말해 주어진 운명의 문양을 자꾸 변형하고 뒤집는 모반의 사유와 상상력을 부풀리는 원동력이다. 현재진행형 시제의 선택도 언제나 과거인 운명(변화 가능성 없이 주어진 모든 것의 시제는 과거다)을 밀어내고 늦추기 위한 명민한 시간의 모험일 것이다.

제목인 '물속의 피아노'가 암시하듯이, 신영배 고유의 모반은 "물속"에의 생(生)의 전유와 공기(空氣)적 전도,

그 과정에 대응된 "피아노"의 역동적 울림에 가탁되고 있다. 모반과 일탈이라면 현기증과 공포로 진저리쳐지는 매체를 취택하는 것이 좀더 효과적일 것이다. 그간 여성성의 내밀한 미감에 몰두해온 시인의 감각을 존중할지라도, "물속"과 "피아노"는 세계와 예술의 좀더 특수화된 용례로 이해되기 십상이다. 그래서 더욱 뜻밖인 양자의 선택은, 바슐라르의 "물(과 피아노—인용자)의 운명에서 자신의 이미지를 보는 인간의 운명"이라는 명제를 곰곰이 되뇌게 한다.

엄밀히 말해 "물속"과 "피아노"는 시집의 주체/대상인 동시에 그를 실현하는 방법이기도 하다. "물속"과 "피아노"는 상태에 따라 이질적인 내부의 물과 음향 들을 분리, 통합, 조절, 분배하는 총합의 기술 장치에 해당한다. 따라서 그것들은 이형동질의 "아름다운 상자"들인 것이다. "안을 부풀리는 일 그리고 안을 비우는 일"로 자기를 증명하는 양자의 이미지는 기실 내면의 청취와 육체의 수행을 통해 존재의 총량을 부풀리는 우리의 그것이기도 하다. "물로 나는 상자가 되어본다 한쪽 귀퉁이를 열어 말을 내보낸다"(「아름다운 상자」)를 "피아노로~" 바꾸어도 전혀 따분하지 않은 연유는 이와 관련된다.

"물속"과 "피아노" 그리고 '나'의 순정한 통합과 어울리는 관계망의 첫 그물코를 만져보려면, 우리는 "물길 속 발의 음계들"의 소리를 조심스레 청취해야 한다. 한데 "물의 노래"를 "내 두 손은 받아 적지 못하"며, 그래서 "물 속에서 당신을 오려낼 시간"(「흐르는 발」, 『오후 여섯 시에 나는 가장 길어진다』, 문학과지성사, 2009) 만이 유일한 희망이니, 이 폐색의 시절을 어쩔까. 애처로운 처지에 주의한다면, 『물속의 피아노』는 "두 손"의 불능과 "시간"의 가능성, 다시 말해 '危'를 횡단함으로써 '機'를 열어가는 '危機(위기)'의 형식을 기꺼이 통과할 수밖에 없다. 새 시집에서 불안과 회의보다 투명과 명랑의 감각이 점차 우세해지는 것도 모반의 불확실성을 모색의 확실성으로 데려가기 위한 침착한 지혜의 일종인 것이다.

이를테면 "흉측한 얼굴에 물빛이 떠오르면, 전설은 환한 물의 장소를 가리켰다 먼 그곳에서 물 위에 핀다는 꽃이 고개를 들었다"(「마을을 지나다」) 라는 대목은 어떤가? 아름답되 괴기한 느낌의 "얼굴"과 "물빛" 그리고 "꽃"은 「햄릿」의 비극적 헤로인heroine 오필리아를 저절로 떠올리게 한다. 연인 햄릿과의 이별에 뒤이은 아버지의 죽음(그것도 햄릿이 저지른)에 미쳐 들판을 헤매다 물가의 나뭇가지에서 떨어져 익사한 오필리아. '저주받은 운명'의 관점에서 말한다면, 그녀는 "물속에서 죽기 위해 태어난 인간"(바슐라르)이 아닐 수 없다. 하지만 훗날의 화가 J. 밀레이는 비극적 암전의 순간을 절대미와 영원성에 아낌없이 수렴된 오필리아의 초상(「Ophelia」, 1852) 으로 환하게 밝혀냈다. 이 장면은 물의 사신(死神)에 사로잡힌 오필리아가 오히려 죽음의 연못을 고결한 삶의 안식처로, 아니 사후 생명의 본산으로 정화·재생하는 반전의 상황을 암시하는 것처럼 느껴진다. 그녀의 죽음을 "자기 자신의 원소"를 다시 발견하는 행위로 가치화했던 셰익스피어의 말은 어쩌면 이런 상황을 염두에 두고 행해진 발언인지도 모른다.

그러니 우리는 『물속의 피아노』를 오필리아의 비극과 극적 재생에 바쳐지는 의례(依例)적 조문이나 헌사 정도로 주석하는 태도를 경계하여 마땅하다. 그녀의 삶에 대한 기억과 전유 없는 무작정의 숭고화는 그녀의 죽음에서 어떤 낯선 것을 발견하여 가치화하는 진정한 애도와 거리가 멀기 때문이다. 이럴 경우 오필리아를 위한, 아니 오필리아에 의한 "물속 피아노"의 투명한 선율은 근원적인 '물과 집을 잃어버리는' 위험에 또 다시 처해질 것이다. 과연 현실의 물속에는 "뒤집히는 식탁과 혼잣말, 혼잣말과 의자, 혼잣말과 새장" 들이 뒤엉키는 난폭한 고독과 혼돈의 물이 여전히 흘러넘친다. 어지러운 물결에 휘말리는 순간 투명한 "물"과 "음악"의 리듬에 맞춰 유연하게 "고개를 드는 여자"(「지붕 위의 여자」)로 살려는 본원적 욕망은 어김없이 꺾일 것이다.

난폭한 물속에는 그러나 "부르지 않았는데도" 스스로 "꽃"(「꽃, 살다」)을 피워내는 구원의 생명선이 은밀히 흐르고 있다. 물론 그 가느다란 활선(活線)에 접속하는 일은 그것을 둘러싼 외방의 물에 대한 모반의 순응과 모색의 저항을 동시에 요구할 만큼 어려운 것이다. "물속"을 향한 연대와 결별에 관련된 양가적 감각의 선택과 배치는 이로써 필연적이다. 전자는 "떠다밀지 않았는데도/통증이 있는 곳으로 몸이 늘어난다"(「꽃, 살다」)는 고통을 향한 따뜻한 촉감에서 뚜렷하다. 후자는 "닿는 순간 물과 함께 사라지는 꽃, 병처럼 아름다운 그 꽃을"(「마을을 지나다」) 열망하는 아이러니한 태도에서 분명하다. 이 양가적 공간에서 "통증"과 순간의 "꽃"을 함께 살며, "사막을 딛고 서서 물로 지붕을 짓는"(「아름다운 지붕」) "물속의 피아노" 연주가 비로소 시작된다. 때로는 격정적이며 때로는 부드러운 "물"과 "피아노"의 선율과 음향을 따라 우리들 경험 이전의 충만한 사후(死後)로 오필리아가 뚜벅뚜벅 도래하는 것이다.

> 잎사귀 위에 물방울이 앉아 있다 손끝을 대본다 꿈이라면 좋은 날, 넘어져도 좋겠지 이렇게 물로 날개를 펼치고 물로 아지랑이를 부르고 물로 처녀막을 두르고 물로 꽃을 열고 닫고 물로 빨강을 입었다 벗었다 물로 암내를 흘렸다 주웠다 물로 파랑과 놀다 노랑과 붙다 물로 바람을 피우고 햇살을 뿌리고 물로 반짝반짝 물로 팔랑팔랑
>
> —「물과 나비」 전문

여성성의 명백한 제시, 아니 혹은 제시 아닌 선언은 익사 이전 오필리아의 현실을 감안하면 무엇보다 가부장적 팔루스의 부정과 초극으로 읽힌다. 하지만 그녀 사후의 충만한 미래를 떠올린다면, 생의 낭만적 풍경을 뛰어넘는 어떤 원리가 아른거린다. 이를테면 서로의 이질성과 타자성이 함께 묶이고 또 풀리는 근원적 통합의 모듈이 조화롭게 작동하는 듯한 느낌 말이다. 이 지점에서 여성이 아닌 물을 타자성과 이질성을 수렴하고 확산하는 관계망의 출발점이자 결절점으로 상정한 까닭이 좀더 분명해진다.

세상에서 물만큼 서로의 통합과 분리, 수렴과 확산, 스밈과 흘러나옴에서 자유롭고 유연한 사물은 달리 없다. 가장 깊은 곳까지 흘러드는 "물"을 그 대극점 공중의 "나비"로 활유(活喩)하는 까닭이 여기 있다. 「물과 나비」에 제시된 "물방울" "손끝" "날개" "아지랑이" "처녀막" "꽃" 등의 사물과 "빨강" "노랑" "파랑" 등의 색깔, "암내" "바람" 등의 에로스, "반짝반짝" "팔랑팔랑" 등의 의태어는 그러므로 "물의 생활의 하잘것없는 세부"(바슐라르)가 아니다. 그것들은 오필리아, 더 자세히는 시적 자아의 가장 중요한 심리적 상징이자 바람직한 관계망 형성을 위해 결코 포기할 수 없는 그물코들인 것이다.

『물속의 피아노』는 한국 현대 시사에서 그 선례가 드문 '물의 시학'이나 '물의 몽상'으로 회자될 가능성이 농후하다. 시집 전체가 물에 대한 사유와 몽상, 인간과 물과 자연과 사물의 관계망 구축에 바쳐진 집요하며 희유한 경우이기 때문이다. 그러나 시인은 오수와 폐수, 폭풍우와 심해수 따위의 문명과 자연을 관통하는 난폭하거나 둔중한 물에는 거의 무관심하다. 『물속의 피아노』가 내면의 성숙 및 사물과의 교유를 오롯이 목적하는 말 그대로의 '순수시'에 가깝다는 판단이 가능해지는 지점이다. 그런 만큼 물의 형식도 "물방울" "빗물" "물속" "바다"처럼 그 개성과 특수성이 고의적으로 은폐된 중성적 형태에 집중된다. 물론 예의 명사들이 청명함과 부드러움, 난폭함과 불투명함 같은 다양한 성질을 감춰버린 형국이니, 내면의 성숙과 교유의 활달한 확장을 『물속의 피아노』의 핵심으로 간주하는 태도는 부적절할 수 있다. 하지만 나는 시인이 오히려 물의 성격을 중성화함으로써 오필리아의 사후가 개진하는 '새로운 물'들의 응결과 흐름을 유연하게 터놓았다고 생각한다. 그러니 얼마간 협소해 보이는 시인의 화폭을 소극적 현실 대응이나 의도적 무관심으로 서둘러 규정해서는 안 된다.

사실을 말하자면, 시인의 현실 성찰이나 불안 의식은 특정 사태의 구체화 속에서 조감되는 대신 '통증' '불안' '부끄러움'과 같은 심리적 정황으로 간접화되고 있다. 질병의 은유, 그것도 "병자", 곧 "몸에 피를 칠한 여인들"(「마을을 지나다」) 같은 불분명한 형상이 제시되는 정도랄까. 이 때문에 오히려 현실에 대한 내성적 경향이 잘 감춰지지 않는 것인지도 모른다. 하지만 그녀의 "불안"과 "부끄러움"은 "멀리 떨어진 머리를 지우러/나는 길어진 내 그림자 위를 걸어간다"(「오후 여섯 시에 나는 가장 길어진다」, 『오후 여섯 시에 나는 가장 길어진다』)는 구절이 암시하듯이, 실존 전체가 걸린 심각한 종류의 감정이다. '몸에 칠한 피'가 강압적 외상(外傷)보다 자발적 내상(內傷)에서 흘러나온 것인 까닭이 새삼스러워지는 대목이다.

이때 중요한 것은 신영배가 내면의 '통증'과 '불안'을 삶의 패배와 허무의 온상으로 삼지 않는다는 사실이다. 되레 밖으로 "나가는 문"을 계속 두드리고 "물방울을 안고 몸을 둥글게"(「물방울 알레그로」) 마는 자기 전환의 씨앗으로 삼는다. 이런 태도는 부조리한 현실에 괄호 치고 억압의 질서를 무력하게 승인하는 소극적 니힐리즘과 분명히 구별된다. 오히려 궁핍한 현실을 보잘것없는 것들의 수렴과 확산을 통해 수정·보충하는 한편 그 대표로서 "물"의 새로운 형체와 가치를 적극 생산하는 능동적 니힐리즘에 가깝다. 거기서 태어나는 본원적 수성(水性)을 특정한 물의 형태로 제시하는 것은 그다지 어렵지 않다. 앞서 거론한 "물방울" "빗물" "물속" "바다" 따위가 전형적인 예다. 이를 고려하면 우리 관심은 새로운 물의 양태보다 그것이 적시고 스며드는 타자성의 밀도와 점성에 먼저 맞춰져야 한다.

새 시집 고유의 방법을 꿰뚫는 하나의 핵심 요소는 "물"과 "피아노"의 관계를 잘 파악하는 일이다. 다시 강조하거

니와 양자는 '나'와 "아름다운 상자"를 함께 공유하는 이질동형의 존재다. 가령 "물속으로 들어가는 꿈/피아노/그리고 나"(「피아노와 나」)는 이들의 관계를 모범적으로 예시한다. 이 구도 속에서 '나'는 어느 순간 "물 피아노"를 연주하고 감상하는 발화자—청취자의 입장으로 동시에 위치하게 된다. 이때 "물 피아노"는 양자의 유사성과 이질성을 매끄럽게 통합하는 최상의 악기로만 제시되지 않는다는 점에서 더욱 문제적이고 유의미하다. 주체의 행위 "여기서 울고 저 멀리 가서 듣다"가 지시하듯이, 그것은 "꽃의 음정"(「물 피아노」)의 극치를 들려주지만 동시에 "나"를 멀리 밀어내는 단절과 확산의 매개이자 계기로 작동하기도 한다.

이런 접속과 단절의 문법은 "물 피아노"와 "나"의 대립/갈등으로 결과하기보다는 그것들끼리의 폴리포니polyphony를 실현하기 위한 대위법의 일종으로 이해된다. 시인은 피아노 연주법으로 "알레그로" "스타카토" "안단테"를, 음악의 형식으로 "무음"과 "레퀴엠" 등을 취택하고 있다. 음악에 문외한인 나의 입장에서 이런 방법과 형식의 의미와 가치를 톺아내기는 쉽지 않다. 하지만 전자의 단속(斷續)적 흐름과 후자의 묵직하고 유장한 울림이 다양한 음상(音像)과 성향(聲響)의 현현과 깊이 연관된다는 사실만큼은 충분히 직감된다.

이를테면 "울어도 울어도 새가 되지 않는 슬픔"(「검은 스타카토」), "1과 2로 노래를 만들어본다"(「물방울 알레그로」), "풍경 하나를 줍는다/잘린 꼬리와 짓이겨진 비늘"(「비의 레퀴엠」), "햇살이 조금 늘어나는 말"(「무음의 마리오네트」) 들에 담긴 서로 다른 음상과 성향 들을 떠올려보라. 짚이는 대로 나열해본 이 대목들은 "손가락을 하나 잃고//피아노 위에/떠 있는 나"에서 "발목의 끈을 풀고//피아노 앞에/나"로, 또 다시 "두 귀가 없이//피아노와 나"(「피아노와 나」)로 변화하는 장면들과 어떤 식으로든 상관된다. 이 관계망을 유연하게 접속·변화·단절시키고 다시 반복·수정·보충하는 특단의 그물코가 "물"과 "물속" "물방울" 등의 가족어인 것이다. 이런 의미에서 "물속"은 비유컨대 접속어의 일종이며 서로 다른 음향들이 화창(和唱)하고 반향하는 열린 공연장인 것이다.

사실 시적 층위의 표면만 본다면 '음악'과 '피아노'는 예의 시들을 제외하면 '물'과는 달리 지속적으로 등장하지 않는다. 그러나 내 생각에 그것들은 간접화된 방식으로, 혹은 비유의 형식으로 『물속의 피아노』를 간단(間斷)없이 관통하는 것처럼 보인다. 이와 관련된 음상과 성향을 찾아본다면, 우리 첫 눈길은 "물울"과 "물로"라는 재기발랄한 조어에 가닿게 될 것이다. 두 단어의 공통 음소 'ㅁ' 'ㄹ' 'ㅇ'은 유성음이라는 공통적 속성을 지닌 소리들이다. 특히 유음 'ㄹ'은 발화 시 유동성과 리듬감, 부드러움을 만들고 더하는 말 그대로 흘러가는 소리다. 이를 감안하면 "물울"과 "물로"는 흐르는 물의 음소적 재현이자 언어와 세계가 유연하게 흘러가기를 욕망하는 시의 음소적 형상이기도 하다.

양자에 대한 이 정도의 설명이라면, 명랑하고 발랄한 "물속의 피아노" 연주와 소리를 자연스럽게 상상하게 될 것이다. 그러나 음성모음 'ㅜ'와 양성모음 'ㅗ'의 동시적 접속과 갈등은 양자의 세계를 뜻밖의 국면으로 이끈다. 미리 말한다면 "물울"은 존재와 상황의 성질을, "물로"는 그것이 실현되고 드러나는 방법을 천천하게 드러낸다. 주체와 물, 피아노의 공동 형상 "아름다운 상자"가 일종의 본질이자 또 일종의 방법이기도 하다는 사실이 "물울"과 "물로"의 조어 속에서도 뚜렷해지는 형국이랄까.

"물울"하면 "물방울"의 줄임말로 먼저 들려온다. 그 이상적 형태로 '시의 이슬'이 문득 떠오르는 것은 "물방울"의 순수와 둥긂을 함께 보유하기 때문이다. 하지만 "물방울"은 그 형태와 속성으로 울과 뭉침, 그러니까 폐쇄(울타리)나 멍울의 완고성을 지니고 있기도 하다. 『물속의 피아노』에서 "물울"의 형성과 활동, 변화는 비유컨대 딱딱한 멍울에서 부드러운 공기 방울로 나아가는 것처럼 느껴진다.

"물울"은 최초에는 "얼어서 울어서 얼어서 울어서" "얼울거리는" "얼음의 유두"에서 "물로 울어서 물로 울어서/물울하게 물울하게/회전하는 물"로 나아가는 형태로 주어진다. "얼울"과 "물울"은 타자성의 견인이나 이질성의 수

렴에 유연한 흐르는 물이 아니다. '딱딱한 물'은 "나는 몸뚱이 없이 두 방울의 눈물로 서 있네"나 "향기롭지 않은 것에서 소녀를 시작해"(「물사과」)가 암시하듯이 존재의 어떤 결핍과 상실에서 발원된 심리적 응고물에 가까운 것이다. 그러니 이즈음의 "물울"은 죽음에 처한 순간의 오필리아의 처절한 슬픔에서 크게 벗어나지 않을 것이다. 하지만 오필리아는 죽어서, 그러니까 "지붕만큼 부푸는 치마를 갖고 싶어" "집을 나"온 후 오히려 "치마를 부풀리고/연못 위에 앉은 여자"(「물울」, p. 55)가 되었다.

이상의 양가적 상황은 "얼울" 상태의 "물울"이 기존의 딱딱한 집―울―멍울(=tomb)을 모반함으로써 부드럽고 둥근 "물울"―"지붕"―"부푸는 치마"(=womb)로의 모색이 가능해졌음을 말해준다. 우리는 이 자리에 "물울"의 유동성이 "말하게 하고, 움직이게 하며, 바라보게 하는" '적극적 청취'(바슐라르) 행위에 의해 획득된 것이라는 평가를 붙여두어도 괜찮겠다. 아래의 「물울」에는 그 발화와 청취 과정이 급하지도 느리지도 않은 그만치의 선율로 흘러가고 있다.

서 있던 저녁이 앉을까 두 다리가 젖을까 발끝이 떨릴까 잔잔하게 퍼질까

서 있던 꽃이 앉을까 엉덩이가 젖을까 붉을까 둥글까 아플까 울까

물울 물울 물울 물울 물울 물울 물울 물울 물울 물울

서 있던 바람이 앉을까 얼굴을 묻을까 고요할까 잊을까

—「물울」 전문(p. 43)

예민한 독자라면 「물울」이 일련번호 없이 복수의 텍스트로 제시되고 있음을 벌써 알아챘을 것이다. 『물속의 피아노』에는 전문 인용한 「물울」과 그 확장형에 해당될 저 위쪽의 「물울」 말고도 2편의 「물울」이 더 있다. 굳이 연작의 형태를 취하지 않은 것은 "물울"의 다양성과 복합성을 두루 표상하기 위한 전략적 고안일 것이다. '불안과 부끄러움'에서 안심과 '고요'로 옮겨 가는 내면의 서사를 그린 두 편의 「물울」과 달리, 나머지 두 편은 "돌아서는 말과 나 사이에//물//한 방울"(「물울」, p. 74)과 "우울하고 둥글고 고요하고 아찔"한 "물울"(「물울」, p. 102)을 묘사했다.

요컨대 네 편의 「물울」이 '따로'의 "물울"과 '같이'의 "물울"로 나뉘어 흘러가며 서로를 감싸는 동서(同棲)의 지평을 구축하고 있는 셈이다. 다시 도래하는 오필리아의 사후가 영원과 진실에 값한다면, "물울"끼리의 역동적 관계가 현실을 넘어서는 어떤 깊이와 무한을 조심스럽게 불러올 줄 알기 때문이다. "물울"의 지속적 반복은 그것들을 부르는 모습이자 그 내용을 차근차근 현실화하는 주술에 해당

될 것이다.

> 제1의 물로는 마냥 흐르게 한다 이것이 다일 수도 있다는 생각을 한다 제2의 물로는 흐르면서 흐르는 것을 감춘다 물뱀의 생리를 익힌다 제3의 물로는 거꾸로 흐르는 것을 감행한다 몰래, 이것은 거슬러 오르는 물고기 떼를 이용한다 제4의 물로는 뛰어오른다 허공에 찬란하게 물방울을 날린다 〔……〕 제10의 물로는 죽음을 나른다 물에서 물로 이장되는 무늬를 본다 제11의 물로는 다시 뛰어오른다 햇살과 바람을 머금고 제12의 물로는 새로운 무늬를 펼친다 수평선을 안고 등을 구부린 울음의 무늬가 찬란할 때 제13의 물로는 몰락한다 읽는 순간 사라지는 물을 완성한다
>
> —「물로」 부분

"물로"는 맥락에 따라 대명사나 방법으로 달리 활용되고 의미화된다. 예컨대 "내가 사는 물속에서 물로 토끼는 산다"(「물속의 시간」)라는 구절을 보자. "물로"는 한편으로는 토끼의 생존 방식을, 또 한편으로는 토끼의 이름이나 종족을 지시한다. 위 시에서도 마찬가지여서 "물로"는 이름인 동시에 방법이다. "물로"의 양가성은 펀pun이나 위트의 미학과는 크게 관련되지 않는다. 그보다는 "나는 물로 벽이 되어본다"(「물로 벽」)라는 잠정태가 시사하듯이 이를테면 죽음이라는 우리 최후의 한계를 넘어서기 위한

스밈과 살림의 전략에 가깝다.

시인은 존재의 그 심연을 "몸에 딱 맞는/수천 개의 그림자들이 뭉쳐 있는/살갗처럼 달라붙어 함께 움직이는 어둠/이곳은 구덩이"(「구덩이」)에 비유했다. "구덩이"와 "벽"으로서의 "물속"은 내부의 활성이 터지기 직전의 긴장된 침묵과 고요에 쉽사리 연결되지 않는다. 오히려 그것은 물의 유동성과 원만함을 딱딱하게 굳히고 불모화하는 죽음의 소용돌이에 가깝다. 이런 연유로 "제1의 물로"～"제13의 물로"의 상황과 행위들은 현실에 맞서 일부러 오필리아 사후의 충만한 미래로 파고드는 위험천만한 변신과 도약의 서사로 먼저 읽힌다.

가령 「물로」와 「구덩이」 속 "제1의 물로"～"제13의 물로"는 이상의 「오감도」를 인유한 것이 분명해 보인다. 「오감도」의 핵심 가운데 하나는 "길"이 "막힌 골목"이거나 "뚫린 골목"이어도 괜찮다는 사실, 그리고 "아해" 역시 "무서운 아해"거나 "무서워하는 아해"여도 좋다는 사실이다. 이상에게는 주어진 상황과 주체의 성격보다 달리는 행위 자체가 문제의 핵심이었음이 드러내는 대목이다.

이를 참조하면, 신영배의 「오감도」 인유는 "물울"의 성격과 상황을 새롭게 변환하는 "물로"〔'물로'는 방법이지만 물로(物路), 곧 사물의 길일 수도 있다〕를 존재의 도약의 계기로 삼으려는 시적 전략이 아닐 수 없다. 과연 "제1의 물로"에서 "제13의 물로"로의 서사는 순연한 흐름과 역류,

죽음과 도약, 몰락과 완성으로 진행된다. 이것은 불행한 운명의 오필리아가 거쳐 간 삶의 서사일뿐더러 우리가 걸어가는 운명의 일단이기도 하다. 이때 서사 역전의 최후 관건은 "물로"의 "몰락"을 "물"의 "완성"으로 전유하는 생의 기술과 그 도약의 현장이겠다.

"물로"는 꽉 막힌 "구덩이"와 "벽"을 질주하여 드디어는 어디로 탈주하는가. 『물속의 피아노』에는 "물방울"의 유사체 "물사과" "달물"을 비롯하여, 그 충만함을 함께 나누는 "물로 토끼" "물속의 새" "나무" "나비" 들이 점점이 박혀 가만가만 조우하고 있다. 이것들은 둥글되 울타리처럼 폐쇄적이지 않으며 뭉쳐 있으되 서로를 억압하지 않는다. 이것들은 그래서 "달을 열고 몸을 집어넣고" "달로 떠오르는 일"(「달과 구두」)을 생의 미래로 점치고 실천하는 "물로"의 형상들로 읽히는 것이다. 이 현장은 "검은 소녀와 집을 나온 여자와 달리는 여자가 동시에 들어"와 "둥글게 엉켜 잠드는 밤"의 시간과 "물방울 속에서/(그녀들의—인용자) 등은 하나로 겹쳤다가 여러 개로 떨어졌다가/한없이 무늬를 펼"치는 열린 공간으로 직조되고 있다. 이 시공간의 충만함은 그녀들 결합의 심미성보다는 서로가 "가장 아프게 쥐고 있던 어둠을 가만히 풀"(「물방울의 계절」)어놓게 하는 개방의 연대성에서 비롯한 것이다. 이런 타자성의 수렴과 확장 없이 어떻게 아래와 같은 "물로"들의 성격 변화가 가능하겠는가.

제1의 물로는 아무것도 건드리지 않는다
몸의 어디도 어느 곳에 닿지 않는다
빛조차 건드리지 않고
제2의 물로는 몸을 오므린다
고이는 것을 고이는 대로 두고
제3의 물로는 마음 한 방울만 건드린다
잔잔히 손끝이 가고 발끝이 가고
제4의 물로는 물결 되기

—「저수지를 지나다」 전문

이 장면을 "물로"들의 자율과 개성이 "저수지"를 죽음의 "구덩이"와 "벽"에서 건져 올리는 순간이라 부르면 어떨까. 순정하게 정화된 "저수지"가 바람직한 생의 갱신 또는 윤리의 장일 수 있다면, "몸을 읽는 일로/상처를 드러내는 일로/눈물을 지어내는 일로/책은 반듯해"(「물뱀」)질 수 있기 때문이다. "여자"가 천천히 지나는 "저수지"와 "알 수 없는 꽃들"이 "폭죽처럼" 피어나는 "화분을 안고" 그녀가 떠 있는 "공중"(「공중의 잠」)의 등가성은 따라서 자유분방한 몽상의 결과로만 이해되거나 설명될 수 없다. 어떤 점에서 그러한가.

그것은 "달과 물 사이에 알몸"을 던질 줄 알고 "공기처럼 부푼 사람을 끌어안으며" "달물"하는 "알몸"(「달물」)

을 낳을 줄 아는 자아의 성숙과 도약에서 스며 나온 것이다. 그 과정에서 "물울"은 드디어 "달물"로 몸 바꿔 "둥근 물결"로 떠오르며, 그 물결의 힘으로 "집"은 둥글게, "구덩이"는 부드럽게 변신한다(「안단테 달」). 물론 "저수지"와 "공중"의 통합은 반복이 불가능한 일회적 사건으로 성립할 따름이다. 그러므로 그것은 경험 이전의 사태로 도래할 수밖에 없으며 그 결과 항상 갈급한 이상으로 존재하게 된다. 이런 국면들이 오필리아 사후의 충만성에 맞먹는다면, 그것들이 언어와 상상의 현실로 도래하는 그녀처럼 부재하는 현존으로 소용돌이치기 때문일 것이다.

이상의 이유들로 대지와 물의 존재들이 하늘과 공기의 존재들로 변신, 도약하고 있는 현장이 『물속의 피아노』라는 평가가 가능해진다. 오필리아의 불행이, 시인의 "불안"과 "부끄러움"이, 사실은 억압과 패배의 "물로"를 벗어나 갱신과 도약의 "물로"로 들어서는 심리적 승화의 입구였다는 역발상 역시 동일한 까닭에서 비롯한다. 이와 관련하여 우리는 앞서 「물과 나비」에 제시된 오필리아의 사후 형상과 대별되는 또 다른 모습에 특히 주목해야겠다.

그 대상은 「검은 숲에서」 속 "여자"의 형상이다. 그녀는 "나비"와 정반대되는 모습, 그러니까 "알몸"과 "까맣게 탄 두 발"로 "재로 뒤덮인 숲"을 기어 다니는 "땅에 가장 가까운 동물"로 묘사된다. 불에 탄 숲과 몸뚱이, 불모의 땅과의 밀착은 겉으로 본다면 오필리아의 죽음을 거머쥔 검은 연못을 먼저 환기한다. 그러나 이 죽음의 현장이 사실은 "물방울"이 건축 중인 사후의 충만한 현장임은 "여자는 말 붙일 것과 꿈꿀 곳을 발견하고 잎에 가장 가까운 동물이 된다"라는 변신의 서사에 충실히 표상되어 있다. 더군다나 이 "동물", 즉 "여자"는, "몸을 둥글게 말아 잎을 감싼다 그리고 잠이 든다"에서 보듯이, 새로운 월령으로의 변태(變態)와 성장을 준비하고 드디어는 하늘로 날아오를 "나비"에 방불하지 않은가.

그러나 주의하라. 땅의 "여자"와 공중의 "나비"의 등가성 및 동일성은 "물"의 가족어, 이를테면 "물방울" "빗물" "물속" "바다" "강" "저수지" 들에서는 심상한 본질과 현상이 아니던가. 그러니 오필리아는 죽으러 "물속"에 떨어진 것이 아니라 사후의 충만한 현실로 도래하러 "물속"으로 스며든 것이다. 그러나 오필리아의 변신은, "물속" 자유와 생명의 획득은 이 정도의 가치화로 멈출 성질의 것이어서는 안 된다. 내가 상정한바 시인의 오필리아 전유는 결국 세계와 시를 "물속"에 풀어놓고 마음껏 흐르게 하려는 미적 욕망의 실천과 연관된다. 따라서 "젖은 두 귀를 열고//두 발은 신전으로"(「신화를 읽는 여자」) 느릿느릿 걸어가며 미래의 생으로 도래하는 주체는 사후의 오필리아이자 더욱이는 현실에서 "네발로 기어 다니며 먹을 것과 잘 곳"(「검은 숲에서」) 그리고 '시적인 것'을 찾아다니는 신영배 그녀 자신이 아닐 수 없다.

길이 이렇게 있어 어디쯤일까 아마도 강이 시작되지 점점 넓어지지 바다로 가는 거야 길 위에는 나무들이 있어 여기 여기 여기 이렇게 줄을 선 것 같지 하지만 가만히 걷는 거야 천천히 천천히 바다로 바다로 아마도 강 물속에도 나무들이 있어 이렇게 이렇게 이렇게 기울어져 있지 그림자 같지 하지 만 가만히 걷는 거야 꿈처럼 바다로 여기에서 여기로 나뭇잎 들이 흔들리지 여기 한 방울 여기 한 방울 여기 여기 한 방 울 한 방울 반짝거리지 먼 바다로 방울방울 물방울 나무들이 걷는 거야 여기에서 여기로 물속의 나무들도 고요하게 한 방 울 한 방울 투명하게 방울방울 물방울 걷는 거야 처음 걷는 것처럼

—「물로 걷는 나무」 전문

이 아름다운 세상은 미래의 생을 향한 어느 문턱에 문득 마주칠, 그래서 누구나 걷고 싶은 적요(寂寥)의 풍경일까. 이곳을 둘러싼 "검은 숲"은 "물속의 나무"들로 빽빽한 "바다", 즉 거꾸로 선 공중일 것이다. 하늘과 바다로 동시에 열린 이곳의 무한과 깊이는 그 형식만 다른 동일한 가치의 생산자이자 수렴체들이다. "물울"이 소녀의 입 모양 "둥글 물"을 거쳐 "여자의 입 모양" "붉은 물"을 지난 뒤 이제는 "아물 물"로 치유된 여자의 "몸 아래 물"(「물을 나르다」)로 부드러워지고 넓어진 생애 최고의 사건은 가치의 서열

과 힘의 순서를 모르는, 아니 허락지 않는 무한과 깊이 어딘가로 호명되었기 때문에 가능한 것이었다.

우리는 그러니 "물로 걷는 나무"에 "나무" 대신 각자의 이름을 새겨 넣으며 "신화를 읽는 여자"에 아프게 빙의될 필요가 있다. "물속의 나무"에 종종 뿌려줄 우리 생의 "물을 나르며" 허둥대는 우리의 모습, 이를테면 "서랍에서 화분으로, 서랍에서 화분으로/불안과 웃음으로 분주하게/불안과 울음으로 분주하게"(「공중의 잠」) 옮아가는 모습은 덤으로 기록하면서 말이다.

그런데 보기 드문 무한과 깊이의 경험도 "불안"을 상수로, "웃음"과 "울음"을 변수로 삶을 영위하고 모색하는 그 어려움을 어쩌지 못하고 있으니 이를 어떻게할까? 하지만 염려 마시라. 오필리아 사후의 충만함은 처음부터 주체와 타자들이 서로 비껴가며 통합하는 원리, 비유컨대 M. C. 에셔의 「그리는 손 Drawing Hands」(1948)의 낯설음과 기이함에서 흘러나오는 것이었다.

> 나무 사이로 둘이 걸어간다 둘은 같은 방향
>
> 나무 사이로 나란한 손의 방향, 한쪽은 사랑에 빠지는 손이고 다른 한쪽은 이별을 하는 손이다 둘이 걸어간다
>
> 둘, 나무를 보기 위해 손을 쓴다 한쪽 손이 푸른 말을 끌고 간다 동시에 다른 한쪽 손이 푸른 말을 자리에 세워놓는다 나무 사이로 손과 함께 말이 푸르다

—「나무와 말」 부분

마치 기찻길처럼 나란히 서 있는 나무들, 그것을 따라 또 나란히 걷는 누군가들 혹은 그들의 손들. 나뭇길의 표층적 평행은 양손의 동일한 병행을 먼저 부감할 것이었다. 하지만 "물속" 나뭇길은 "불안"과 "웃음" 그리고 "울음" 등 서로 모순되고 상반되는 심리적 지향의 구성물로 닦이었다. 좌우 나뭇가지의 경사와 나뭇잎의 흐름이 함께 걸으면 걸을수록 서로 멀어지는 상반의 사태는 그런 점에서 언제나 상상 가능한 현실이었던 셈이다.

하지만 양손의 역진행과 역행위는 모순과 갈등의 출발점이라기보다는 "나무"를 풍요롭게 보고, 부르고, 노래하기 위해서 반드시 필요한 통합의 원점이다. 탄생이 죽음의 행로이고 죽음이 새로운 변신의 입구이듯이, 닫힌 "물울"이 "물로"를 가로질러 열린 "물울"로 갱신되었듯이, 역진행의 양손은 '푸른 말'〔言/馬〕의 창안자이자 가편(加鞭)의 주체인 것이다. 지루하고 단조로울 법한 "물속"으로의 침잠과 거기서 발명된 '공중'으로의 확산은 서로 거꾸로 가는 양손의 느릿한 연대와 천천한 어긋남 속에서 채찍질된 것이었다.

"물속" 나뭇길의 '푸른 말'이 우리 나뭇길의 '푸른 말'로 울고 울리기를 희원하는 까닭은 신영배의 채찍이 현대 시의 변신에 조금이라도 기여할 것이라는 기대 때문이다. 특히 대상의 집요한 장악과 상상력의 확장에서 그럴 것이다. 오필리아가 제 몸을 떨어뜨려 사후 충만함을 불러들였듯이, 그녀는 "물속의 피아노"에 서로 반대편으로 달리는 양손을 올려둠으로써 물색 다양한 무곡을 연주하기 시작했다. 그 첫 장 "물의 알레그로"가 겨우 연주된 상황이니 이후 『물속의 피아노』의 선율이 어디로 흐를지 우리는 알지 못한다. 다만 하늘과 땅을 이으며 "물"을 양쪽으로 퍼 올리는 "나무" 사이를 통과 중인 '푸른 말'들의 서정과 리듬이 또 하나의 주제곡을 이루지 않을까. "한쪽 손이 훵훵 말을 내리친다 다른 한쪽 손이 말을 훵훵 쓰다듬는다 나무 사이로 훵훵 말이 훵훵 운다"는 미래의 무곡을 어느 날 문득 당신과 나는 마주칠 것이다. 그 "나무 사이로 둘이 걸어"(「나무와 말」)가는 우리의 환영이 보이는가. ▨